In loving memory of

Name	Comment

Name	Comment

Name	Comment

Name	Comment

Name	Comment

Name	Comment

Name	Comment

Name	Comment

Name	Comment

Name	Comment

Name	Comment

Name	Comment

Name	Comment

Name	Comment

Name	Comment

Name	Comment

Name	Comment

Name	Comment

Name	Comment

Name	Comment

Name	Comment

Name	Comment

Name	Comment

Name	Comment

Name	Comment

Name	Comment

Name	Comment

Name	Comment

Name	Comment

Name	Comment

Name	Comment

Name	Comment

Name	Comment

Name	Comment

Name	Comment

Name	Comment

Name	Comment

Name	Comment

Name	Comment

Name	Comment

Name	Comment

Name	Comment

Name	Comment

Name	Comment

Name	Comment

Name	Comment

Name	Comment

Name	Comment

Name	Comment

Name	Comment

Name	Comment

Name	Comment

Name	Comment

Name	Comment

Name	Comment

Name	Comment

Name	Comment

Name	Comment

Name	Comment